MATH
PUZZLES

INTRODUCTION

Hello from Priyan publishing!

This book is a collection of 80 brain-teasing puzzles. The purpose is to foster curiosity and confidence in children. Figuring out the solution to each puzzle is a great way to improve critical thinking skills and develop problem-solving skills. Math puzzles are both fun and help children to concentrate and improve their mental maths skills. It also helps to engage the brain in identifying the patterns and connections between the numbers.

The puzzles are laid out in eight chapters that use math operations as addition, subtraction, multiplication, and division. Each chapter contains ten patterns starting from a very easy to difficult level. Hints and reference answers are given wherever required and rules to solve some of the patterns are also included. The puzzles get more difficult as you go through the book and the answers are at the back of the book.

These puzzles are designed for children from 12-15 years and for all looking for some fun and challenging activities.

CONTENT

CHAPTER 1 - ADDITION AND SUBTRACTION

Addition and subtraction sentences are basically mathematical expressions. These expressions show two or more numbers that are being added or subtracted together and also show their combined value.

CHAPTER 2 - MULTIPLICATION AND DIVISION

This is a fantastic bundle that includes everything you need to know about the problems involving multiplication and division.

CHAPTER 3 - PATTERN PUZZLES

Add some fun and challenge in solving math problems. Puzzles and brain teasers improve problem-solving skills in students. They are both fun and help students to concentrate and improve mental maths skills.

CHAPTER 4 - LATTICE MULTIPLICATION

Lattice multiplication is a simple technique that breaks the long multiplication process into smaller steps. This bundle includes single digits and 2 digits problems. In this section, you will learn how to solve multiplication problems using the lattice method.

CHAPTER 5 - EMOJI PUZZLES

This chapter consists of 10 emoji patterns. Fun and logical problems help students to stimulate their minds and think creatively to find out the value of each emoji.

CHAPTER 6 - SUDOKU PUZZLES

Practicing sudoku puzzles is a great way to improve memory skills. Students practicing sudoku puzzles will start doing addition facts in their heads and start building a sense of logic and problem-solving skills.

CHAPTER 7 - CALCUDOKU PUZZLES

Calcudoku, a puzzle game that tests your math and logic! It is a fun and addicting logic puzzle game that combines Sudoku with math. These puzzles are a great brain workout.

CHAPTER 8 - CROSS PUZZLES

Math Puzzles are great ways to boost child's IQ skills and help them to engage with numbers. Solving puzzles helps to make maths enjoyable which in turn enhances their mood. It increases problem-solving skills in children and develops strategic thinking.

ANSWERS

CHAPTER 1

ADDITION AND SUBTRACTION

Addition and subtraction sentences are basically mathematical expressions. These expressions show two or more numbers that are being added or subtracted together and also show their combined value. These help us solve addition and subtraction problems and we can find missing terms.

PATTERN 1

$4 + 1 =$ ___

$+$

___ $+$ ___ $= 6$ $+$
                      2
$+$ $=$ $=$
1 8
                      $+$ ___ $= 9$
$=$
                      $+$
$2 + $ ___ $=$ ___
                      $=$
$+$
2 $+$ ___ $= 7$
$=$
                      $+$
___ $+$ ___ $= 9$ 6
$+$ $=$
2 1 ___ $+ 7 =$ ___
$=$ $+$ $+$
___ $+ 1 =$ ___   ___ $+$ ___ $= 2$
           $=$ $=$
           $+$ ___ $= 8$

PATTERN 2

2 + 1 = ☐   ☐ + 5 = 8

2 + 1 = ☐ + ☐ + 5 = 8
         2   4
         =   =   6
  3   ☐ + ☐ = ☐   +
  +   +   2
  2   ☐ + ☐ =   =
  =   =   +
  ☐ + ☐ = 7   ☐ + ☐ = 7
         +   =   +
         6 + ☐ = 9   4
         =   =
4 + ☐ = 8   ☐ + 3 = ☐
  +   +
  2   5
  =   =
  ☐ + ☐ = ☐

PATTERN 3

$$9 - 4 = \boxed{}$$
$$+ 2 =$$

$$\boxed{} + 1 = \boxed{}$$
$$- 2 =$$

$$\boxed{} - 2 = \boxed{}$$
$$+ 3 =$$

$$1 + \boxed{} = \boxed{}$$
$$- 3 =$$

$$\boxed{} + 6 = \boxed{}$$

$$\boxed{} - 7 = \boxed{}$$
$$- 4 =$$

$$2 + \boxed{} = \boxed{}$$
$$- \boxed{} + 4 = \boxed{}$$
$$= 2$$
$$- 3 =$$

$$\boxed{} + 4 = \boxed{}$$
$$+ \boxed{} - 5 = \boxed{}$$
$$- \boxed{}$$
$$1 + \boxed{} = 5$$
$$=$$

PATTERN 4

7 − ⬜ = 3

2 + ⬜ = 8

+
4
=

−

3
=

⬜ − ⬜ = 3

⬜ + 1 =

+
2
=

−

=

⬜ − ⬜ = 1

−

⬜ + 3 = 6

+
6
=

=

+ 7 =

⬜ − 8 = ⬜

−
4
=

5 − ⬜ = ⬜

PATTERN 5

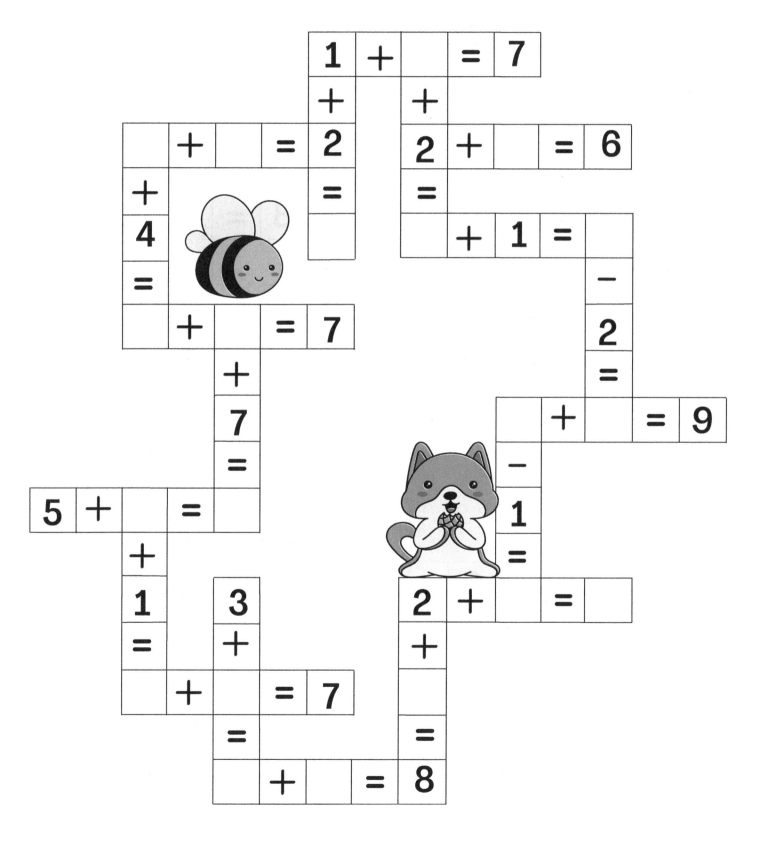

$$2 - 1 = \square$$

$$+ \qquad\qquad -$$

$$\square \qquad\qquad 1$$

$$= \qquad\qquad =$$

$$\square - 7 = 2 \qquad \square + 8 = \square$$

$$+ \qquad\qquad -$$

$$\square + 6 = \square \qquad 6$$

$$= \qquad - \qquad =$$

$$\square - 5 = \square \qquad \square - \square = 5$$

$$- \qquad + \qquad =$$

$$1 \qquad 3 - \qquad =$$

$$= \qquad = \qquad +$$

$$8 \qquad 9 - \square = \qquad 5$$

$$- \qquad + \qquad =$$

$$\square \qquad 5 \qquad \square$$

$$= \qquad =$$

$$3 + 3 = \square \qquad\qquad \square - 4 = \square$$

PATTERN 7

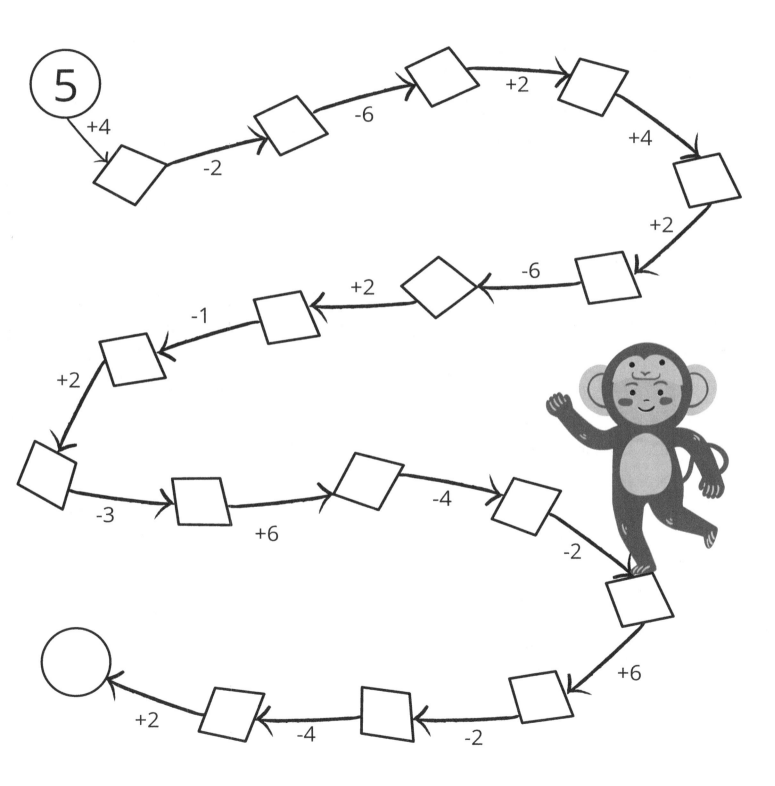

PATTERN 8

PATTERN 9

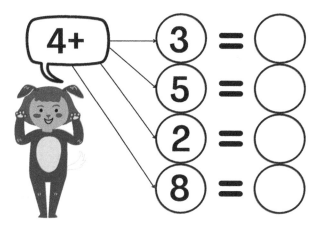

4+ → 3 = ◯
5 = ◯
2 = ◯
8 = ◯

5+ → 2 = ◯
7 = ◯
6 = ◯
1 = ◯

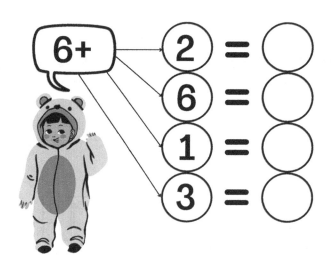

6+ → 2 = ◯
6 = ◯
1 = ◯
3 = ◯

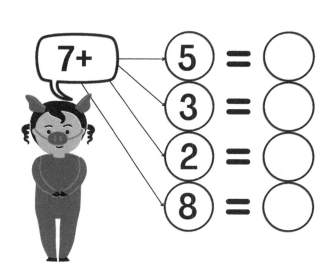

7+ → 5 = ◯
3 = ◯
2 = ◯
8 = ◯

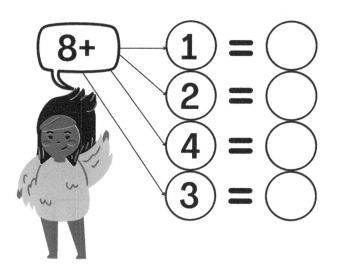

8+ → 1 = ◯
2 = ◯
4 = ◯
3 = ◯

2+ → 9 = ◯
3 = ◯
7 = ◯
5 = ◯

PATTERN 10

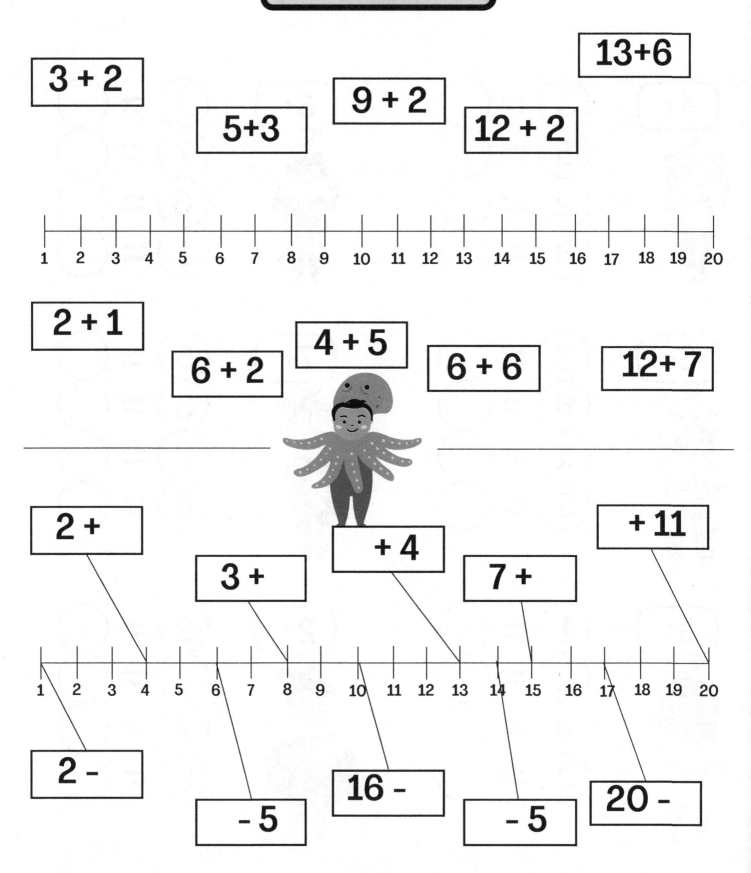

3 + 2

13+6

9 + 2

5+3

12 + 2

2 + 1

4 + 5

6 + 2

6 + 6

12+ 7

2 +

+ 11

3 +

+ 4

7 +

2 -

16 -

-5

- 5

20 -

CHAPTER 2

MULTIPLICATION AND DIVISION

This is a fantastic bundle that includes everything you need to know about the problems involving multiplication and division. In this section, you will learn how to solve problems using multiplication and division.

PATTERN 1

Fill in the missing number of each fact family.

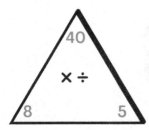

$$\underline{8} \times \underline{5} = \underline{40}$$
$$\underline{5} \times \underline{8} = \underline{40}$$
$$\underline{40} \div \underline{8} = \underline{5}$$
$$\underline{40} \div \underline{5} = \underline{8}$$

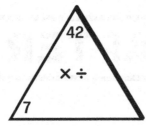

$$\underline{} \times \underline{} = \underline{}$$
$$\underline{} \times \underline{} = \underline{}$$
$$\underline{} \div \underline{} = \underline{}$$
$$\underline{} \div \underline{} = \underline{}$$

$$\underline{} \times \underline{} = \underline{}$$
$$\underline{} \times \underline{} = \underline{}$$
$$\underline{} \div \underline{} = \underline{}$$
$$\underline{} \div \underline{} = \underline{}$$

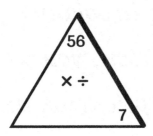

$$\underline{} \times \underline{} = \underline{}$$
$$\underline{} \times \underline{} = \underline{}$$
$$\underline{} \div \underline{} = \underline{}$$
$$\underline{} \div \underline{} = \underline{}$$

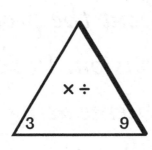

$$\underline{} \times \underline{} = \underline{}$$
$$\underline{} \times \underline{} = \underline{}$$
$$\underline{} \div \underline{} = \underline{}$$
$$\underline{} \div \underline{} = \underline{}$$

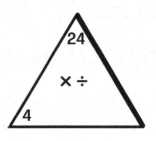

$$\underline{} \times \underline{} = \underline{}$$
$$\underline{} \times \underline{} = \underline{}$$
$$\underline{} \div \underline{} = \underline{}$$
$$\underline{} \div \underline{} = \underline{}$$

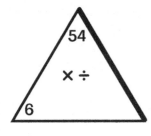

$$\underline{} \times \underline{} = \underline{}$$
$$\underline{} \times \underline{} = \underline{}$$
$$\underline{} \div \underline{} = \underline{}$$
$$\underline{} \div \underline{} = \underline{}$$

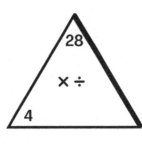

$$\underline{} \times \underline{} = \underline{}$$
$$\underline{} \times \underline{} = \underline{}$$
$$\underline{} \div \underline{} = \underline{}$$
$$\underline{} \div \underline{} = \underline{}$$

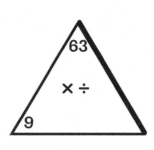

$$\underline{} \times \underline{} = \underline{}$$
$$\underline{} \times \underline{} = \underline{}$$
$$\underline{} \div \underline{} = \underline{}$$
$$\underline{} \div \underline{} = \underline{}$$

PATTERN 2

Fill in the missing number of each fact family.

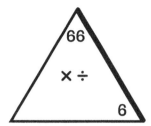

66 / × ÷ / 6

___ × ___ = ___
___ × ___ = ___
___ ÷ ___ = ___
___ ÷ ___ = ___

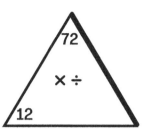

72 / × ÷ / 12

___ × ___ = ___
___ × ___ = ___
___ ÷ ___ = ___
___ ÷ ___ = ___

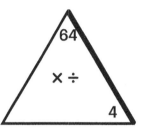

64 / × ÷ / 4

___ × ___ = ___
___ × ___ = ___
___ ÷ ___ = ___
___ ÷ ___ = ___

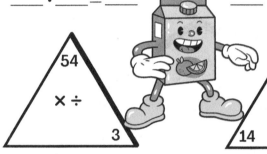

54 / × ÷ / 3

___ × ___ = ___
___ × ___ = ___
___ ÷ ___ = ___
___ ÷ ___ = ___

14 / × ÷ / 5

___ × ___ = ___
___ × ___ = ___
___ ÷ ___ = ___
___ ÷ ___ = ___

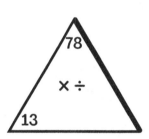

78 / × ÷ / 13

___ × ___ = ___
___ × ___ = ___
___ ÷ ___ = ___
___ ÷ ___ = ___

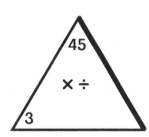

45 / × ÷ / 3

___ × ___ = ___
___ × ___ = ___
___ ÷ ___ = ___
___ ÷ ___ = ___

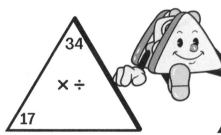

34 / × ÷ / 17

___ × ___ = ___
___ × ___ = ___
___ ÷ ___ = ___
___ ÷ ___ = ___

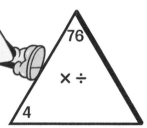

76 / × ÷ / 4

___ × ___ = ___
___ × ___ = ___
___ ÷ ___ = ___
___ ÷ ___ = ___

PATTERN 3

Work out the answers and color in the shape with the color of the correct answer.

0-20	21-40	41-60	61-80	81-100	101-120	121-140
Blue	Pink	Green	Orange	Purple	Red	yellow

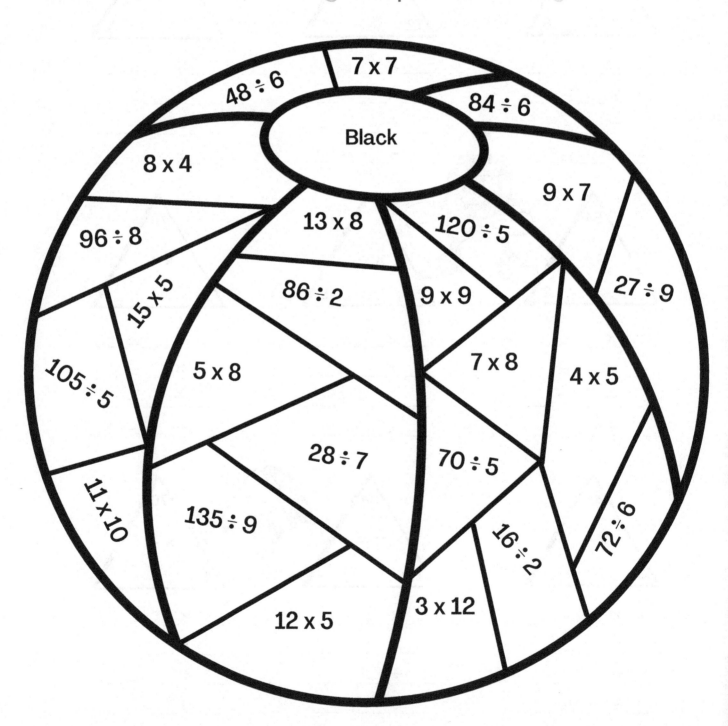

PATTERN 4

Fill in the missing number of each fact family.

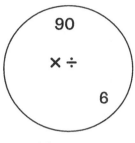

90
× ÷
6

____ × ____ = ____
____ × ____ = ____
____ ÷ ____ = ____
____ ÷ ____ = ____

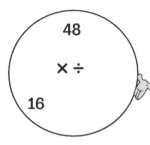

48
× ÷
16

____ × ____ = ____
____ × ____ = ____
____ ÷ ____ = ____
____ ÷ ____ = ____

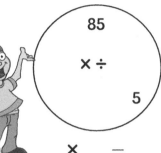

85
× ÷
5

____ × ____ = ____
____ × ____ = ____
____ ÷ ____ = ____
____ ÷ ____ = ____

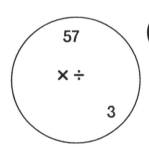

57
× ÷
3

____ × ____ = ____
____ × ____ = ____
____ ÷ ____ = ____
____ ÷ ____ = ____

× ÷
18   4

____ × ____ = ____
____ × ____ = ____
____ ÷ ____ = ____
____ ÷ ____ = ____

120
× ÷
20

____ × ____ = ____
____ × ____ = ____
____ ÷ ____ = ____
____ ÷ ____ = ____

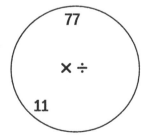

77
× ÷
11

____ × ____ = ____
____ × ____ = ____
____ ÷ ____ = ____
____ ÷ ____ = ____

39
× ÷
13

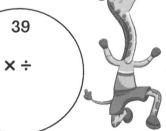

____ × ____ = ____
____ × ____ = ____
____ ÷ ____ = ____
____ ÷ ____ = ____

72
× ÷
6

____ × ____ = ____
____ × ____ = ____
____ ÷ ____ = ____
____ ÷ ____ = ____

PATTERN 5

Look at the pictures and complete the multiplication sentences.

[ ] + [ ] + [ ] = [ ]   [ ] Fours = [ ]

[ ] + [ ] + [ ] + [ ] = [ ]   [ ] Five = [ ]

[ ] + [ ] = [ ]   [ ] Sixes = [ ]

PATTERN 6

Look at the pictures and complete the division.

 $9 \div \bigcirc = 3$

 $6 \div 2 = \bigcirc$

 $\bigcirc \div \bigcirc = 2$

 $\bigcirc \div 3 = \bigcirc$

 $4 \div \bigcirc = 2$

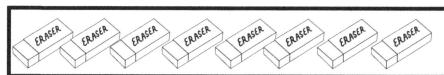 $\bigcirc \div 1 = \bigcirc$

 $\bigcirc \div 3 = \bigcirc$

 $\bigcirc \div \bigcirc = 5$

PATTERN 7

Fill in the missing numbers to complete the sum and color the shape.

PATTERN 8

write the division statement for the given multiplication statement.
First one is done for you.

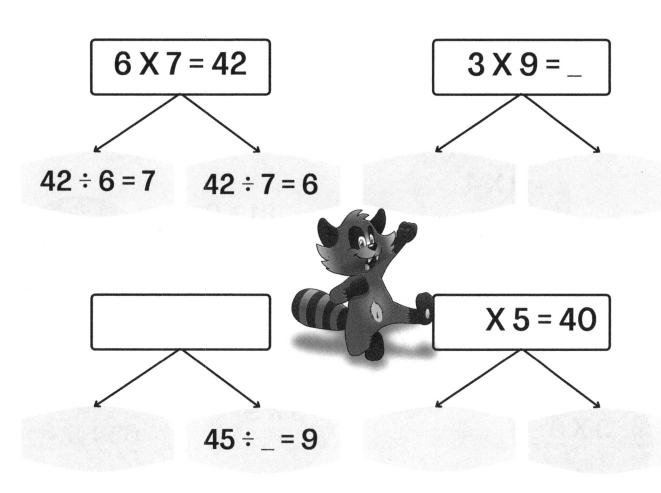

6 X 7 = 42

42 ÷ 6 = 7   42 ÷ 7 = 6

3 X 9 = _

X 5 = 40

45 ÷ _ = 9

15 X 5 = _

56 ÷ 7 = _

PATTERN 9

Put the eggs in the correct basket (Draw a line as shown).

$64 \div 8$

$42 \div 7$

9×7

9×4

$81 \div 9$

$49 \div 7$

6×6

$56 \div 7$

3×6

3×9

$65 \div 5$

EVEN

ODD

PATTERN 10

Find the correct answer of division by multiplicaiton.

When you read a division question, ask yourself a multiplication question!
Eg: 16 ÷ 4 =?
Ask yourself, 4 x ? = 16
Four multiplied by what equals 16? You will quickly find the answer.

1. $42 ÷ 7 = $ _____ because $7 \times$ _____ $= 42$

2. $40 ÷ 4 = $ _____ because $4 \times$ _____ $= 40$

3. $54 ÷ 6 = $ _____ because $6 \times$ _____ $= 54$

4. $35 ÷ 5 = $ _____ because $5 \times$ _____ $= 35$

5. $64 ÷ 4 = $ _____ because $4 \times$ _____ $= 64$

6. $36 ÷ 3 = $ _____ because $3 \times$ _____ $= 36$

7. $70 ÷ 14 = $ _____ because $14 \times$ _____ $= 70$

8. $26 ÷ 13 = $ _____ because $13 \times$ _____ $= 26$

9. $72 ÷ 4 = $ _____ because $4 \times$ _____ $= 72$

10. $99 ÷ 9 = $ _____ because $9 \times$ _____ $= 99$

CHAPTER 3

PATTERN PUZZLES

Add some fun and challenge in solving math problems. Puzzles and brain teasers improve problem-solving skills in students. They are both fun and help students to concentrate and improve mental maths skills.

PATTERN 1

Each row follows a different rule. fill in the blanks.

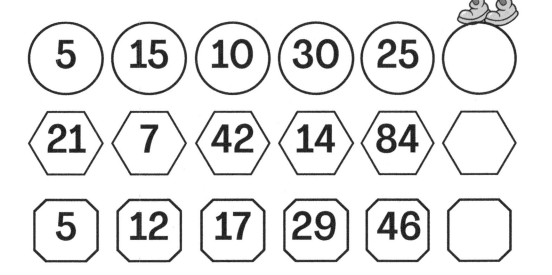

5	15	10	30	25	( )

21	7	42	14	84	( )

5	12	17	29	46	( )

The number in each square follow the same pattern. Try to figure out which number comes in the middle.

Hint: First analyze the square and then diamond

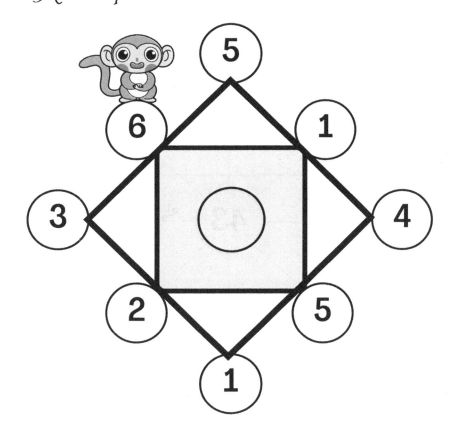

PATTERN 2

Look at each row and try to find the pattern.

Look at the numbers connected to each line and try to figure out the missing number.

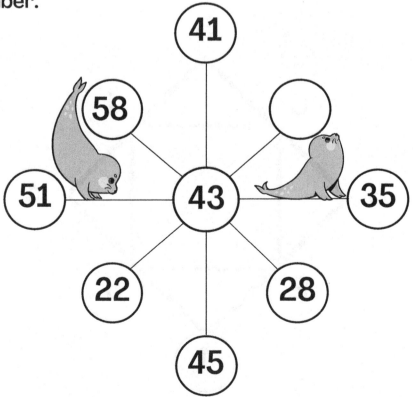

PATTERN 3

Each row follows the same rule. fill in the blanks.

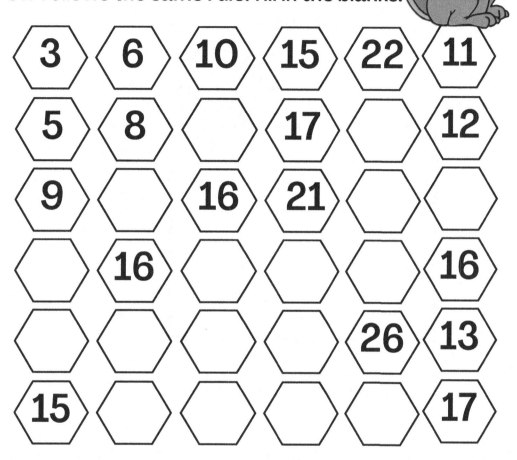

Fill in the numbers 1 to 9, so that every row, column, and diagonal add up to 15. You can use each number only once.

PATTERN 4

Fill in the numbers 1 to 16 so that every row, column, and diagonal add up correctly. Use each number only once.

				34
1			9	39
	2			28
	13		10	32
5		12		37
23	33	37	43	22

For each rectangle, the triangle is the average of the 2 circles. Find the missing numbers.

PATTERN 5

Study the first row and apply the same rule 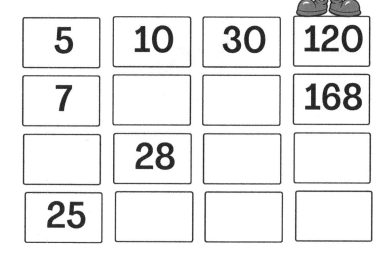 to complete the pattern.

5	10	30	120
7			168
	28		
25			

Which number is the odd one out in each row?

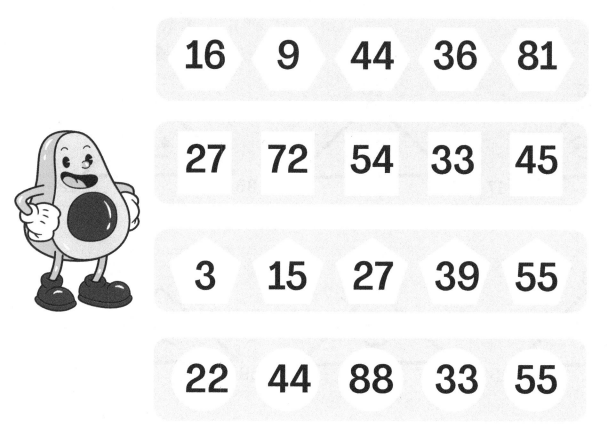

16	9	44	36	81
27	72	54	33	45
3	15	27	39	55
22	44	88	33	55

PATTERN 6

In each square one number is different. Color that number.

Study the first two triangles in each row and colplete the last triangle.

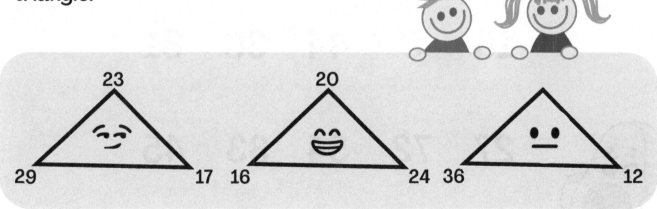

PATTERN 7

Study the pattern in the first row of each circle and apply it to other two rows in the circle.

37	8273	28
71		33
15		42

31	11	5
6		82
75		4

Study the first two clocks and fill in the missing time for the third clock.

06:24 05:20 08:__

04:13 07:33 10:__

PATTERN 8

Study the pattern of the first 2 rows and apply it to fill in the missing numbers in each row.

Study the first two stars and complete the third one.

Study the pattern of the first row and apply it to fill in the missing numbers in each row.

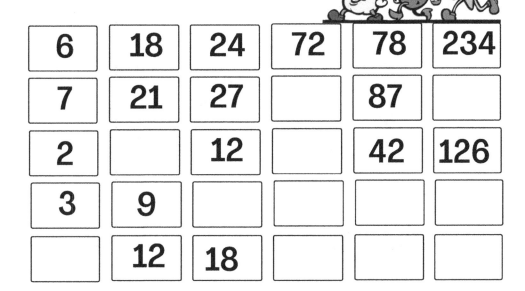

6	18	24	72	78	234
7	21	27		87	
2		12		42	126
3	9				
	12	18			

Study the first two circles and complete the third one.

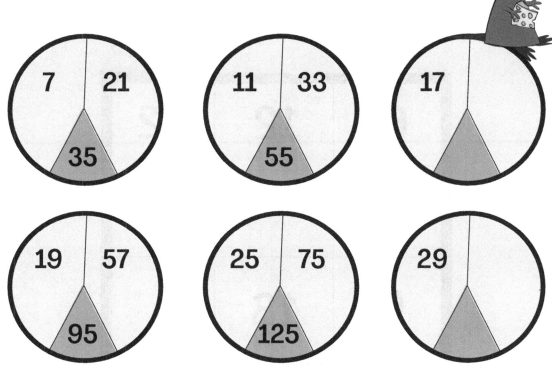

PATTERN 10

If a number is multiple of x then color the number as given:

Multiple of 0.4 - Red   Multiple of 0.25 - Blue
Multiple of 0.3 - Yellow   Multiple of 0.7 - Green

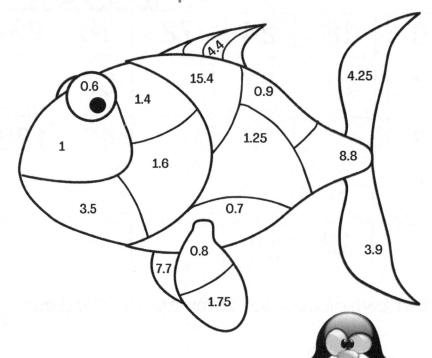

Fill in numbers to complete the pattern.

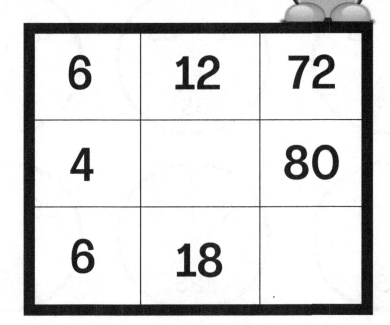

6	12	72
4		80
6	18	

CHAPTER 4

LATTICE MULTIPLICATION

Lattice multiplication is a simple technique that breaks the long multiplication process into smaller steps. This bundle includes single digits and 2 digits problems. In this section, you will learn how to solve multiplication problems using the lattice method.

PATTERN 1

Use lattice multiplication method to find the product in each problem.

1) 34 x 5

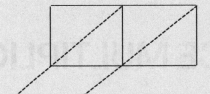

34 x 5 =_____

2) 43 x 3

43 x 3 =_____

3) 19 x 7

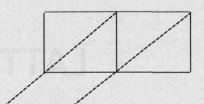

19 x 7 =_____

4) 26 x 8

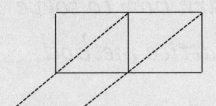

26 x 8 =_____

5) 63 x 4

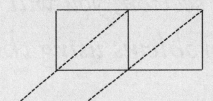

63 x 4 =_____

6) 92 x 3

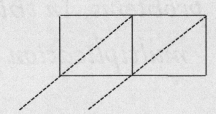

92 x 3 =_____

7) 53 x 3

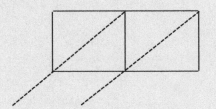

53 x 3 =_____

8) 64 x 6

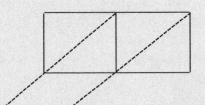

64 x 6 =_____

9) 76 x 9

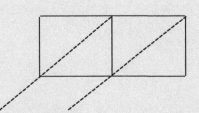

76 x 9 =_____

PATTERN 2

Use lattice multiplication method to find the product in each problem.

1) 52 x 1

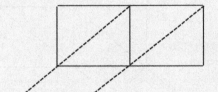

52 x 1 = _____

2) 95 x 4

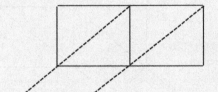

95 x 4 = _____

3) 28 x 6

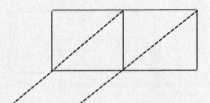

28 x 6 = _____

4) 69 x 4

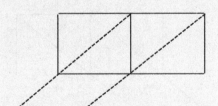

69 x 4 = _____

5) 43 x 8

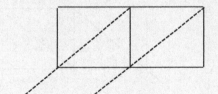

43 x 8 = _____

6) 87 x 5

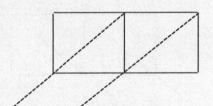

87 x 5 = _____

7) 35 x 2

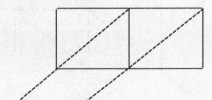

35 x 2 = _____

8) 63 x 7

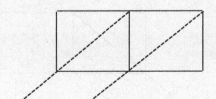

63 x 7 = _____

9) 58 x 9

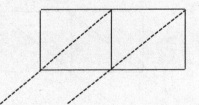

58 x 9 = _____

PATTERN 3

Use lattice multiplication method to find the product in each problem.

1) 83 x 2

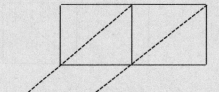

83 x 2 = _____

2) 39 x 3

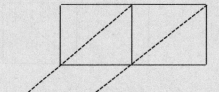

39 x 3 = _____

3) 73 x 8

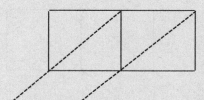

73 x 8 = _____

4) 25 x 7

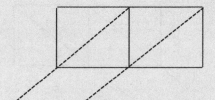

25 x 7 = _____

5) 89 x 5

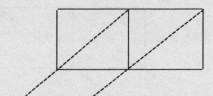

89 x 5 = _____

6) 77 x 3

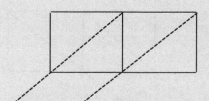

77 x 3 = _____

7) 12 x 7

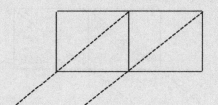

12 x 7 = _____

8) 58 x 4

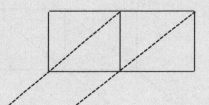

58 x 4 = _____

9) 33 x 6

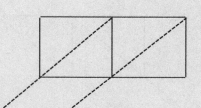

33 x 6 = _____

PATTERN 4

Use lattice multiplication method to find the product in each problem.

1) 48 x 6

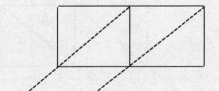

48 x 6 = _____

2) 76 x 3

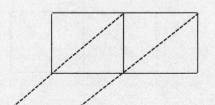

76 x 3 = _____

3) 51 x 4

51 x 4 = _____

4) 84 x 2

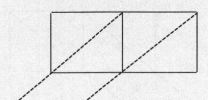

84 x 2 = _____

5) 95 x 4

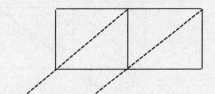

95 x 4 = _____

6) 35 x 7

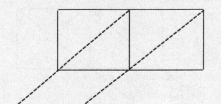

35 x 7 = _____

7) 65 x 1

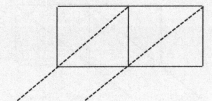

65 x 1 = _____

8) 27 x 8

27 x 8 = _____

9) 37 x 5

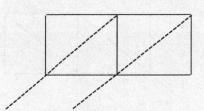

37 x 5 = _____

PATTERN 5

Use lattice multiplication method to find the product in each problem.

1) 75 x 2

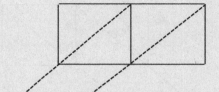

75 x 2 = _____

2) 25 x 4

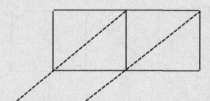

25 x 4 = _____

3) 65 x 6

65 x 6 = _____

4) 91 x 4

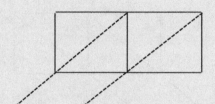

91 x 4 = _____

5) 16 x 4

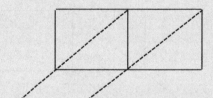

16 x 4 = _____

6) 52 x 9

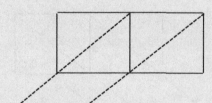

52 x 9 = _____

7) 86 x 6

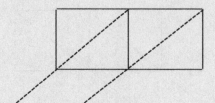

86 x 6 = _____

8) 30 x 3

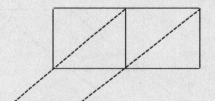

30 x 3 = _____

9) 20 x 8

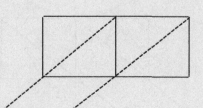

20 x 8 = _____

PATTERN 6

Use lattice multiplication method to find the product in each problem.

1) 44 × 67

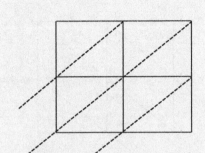

44 x 67 = _____

2) 19 × 73

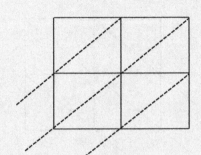

19 x 73 = _____

3) 33 × 27

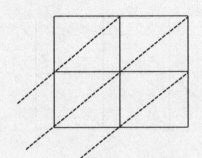

33 x 27 = _____

4) 82 × 37

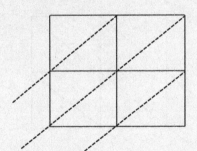

82 x 37 = _____

5) 55 × 47

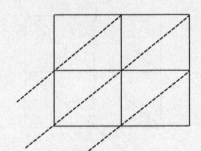

55 x 47 = _____

6) 28 × 17

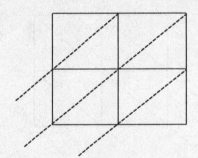

28 x 17 = _____

7) 21 × 65

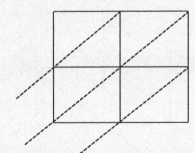

21 x 65 = _____

8) 75 × 92

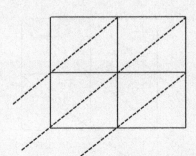

75 x 92 = _____

9) 63 × 86

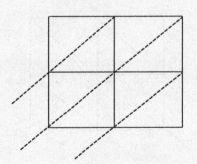

63 x 86 = _____

PATTERN 7

Use lattice multiplication method to find the product in each problem.

1) 76 × 49

76 x 49 = _____

2) 55 × 83

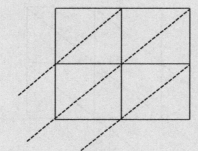

55 x 83 = _____

3) 83 × 41

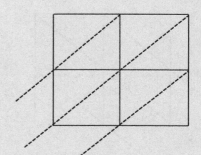

83 x 41 = _____

4) 13 × 36

13 x 36 = _____

5) 48 × 12

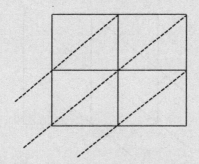

48 x 12 = _____

6) 55 × 78

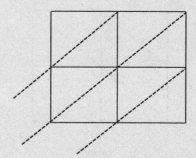

55 x 78 = _____

7) 62 × 28

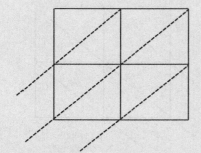

62 x 28 = _____

8) 22 × 93

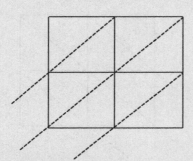

22 x 93 = _____

9) 46 × 15

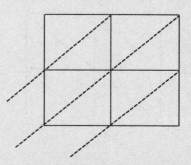

46 x 15 = _____

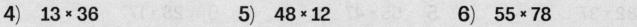
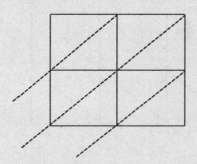

PATTERN 8

Use lattice multiplication method to find the product in each problem.

1) 16 × 61

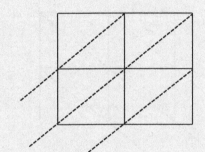

16 x 61 = ____

2) 92 × 30

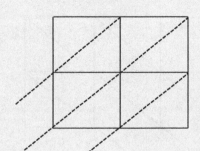

92 x 30 = ____

3) 47 × 72

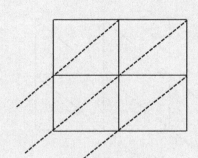

47 x 72 = ____

4) 79 × 55

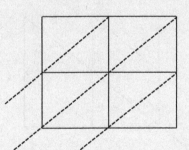

79x 55 = ____

5) 62 × 45

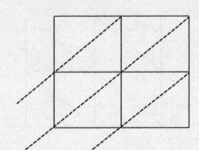

62 x 45 = ____

6) 35 × 96

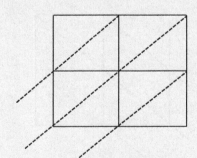

35 x 96 = ____

7) 53 × 19

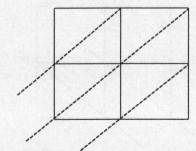

53 x 19 = ____

8) 85 × 27

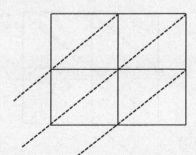

85 x 27 = ____

9) 11 × 93

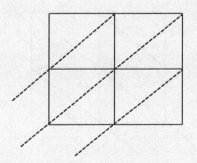

11 x 93 = ____

PATTERN 9

Use lattice multiplication method to find the product in each problem.

1) 63 × 52

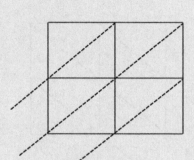

63 x 52 = _____

2) 88 × 11

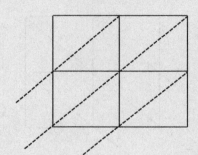

88 x 11 = _____

3) 34 × 79

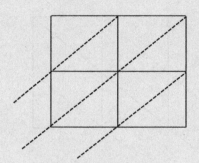

34 x 79 = _____

4) 95 × 35

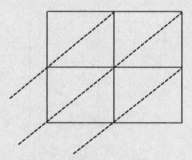

95 x 35 = _____

5) 16 × 22

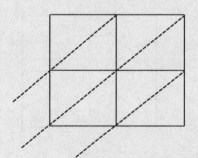

16 x 22 = _____

6) 51 × 80

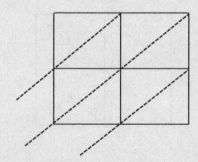

51 x 80 = _____

7) 28 × 70

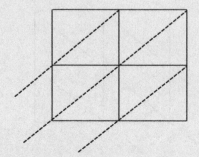

28 x 70 = _____

8) 77 × 44

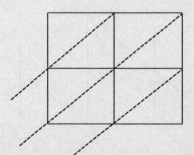

77 x 44 = _____

9) 84 × 57

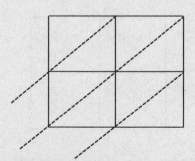

84 x 57 = _____

PATTERN 10

Use lattice multiplication method to find the product in each problem.

1) 94 × 26

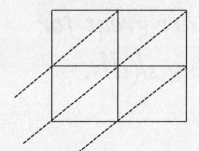

94 x 26 = _____

2) 47 × 69

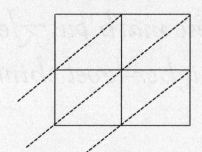

47 x 69 = _____

3) 18 × 59

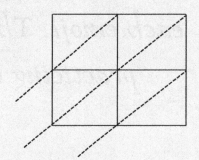

18 x 59 = _____

4) 34 × 72

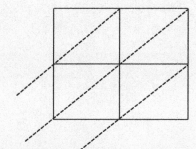

34 x 72 = _____

5) 77 × 43

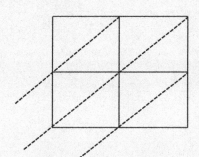

77 x 43 = _____

6) 90 × 30

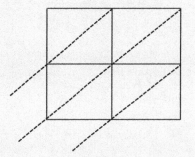

90 x 30 = _____

7) 63 × 12

63 x 12 = _____

8) 56 × 98

77 x 44 = _____

9) 41 × 82

41 x 82 = _____

CHAPTER 5

EMOJI PUZZLES

This chapter consists of 10 emoji patterns. A fun and logical problems help students to stimulate their minds and think creatively to find out the value of each emoji. These math puzzles are great for practicing higher-level thinking skills.

PATTERN 1

Find the value of each emoji by performing the operations given below.

1.  +  = **12**

2.  +  = **14**

3. +  = **11**

4.  + = **15**

5. + = **7**

6. + = **?**

PATTERN 2

Find the value of each emoji by performing the operations given below.

1.  +  = **18**

2. X  = **27**

3. -  = **14**

4.  +  = **17**

5.  +  = **?**

6. X  = **?**

Find the value of each emoji by performing the operations given below.

1.   7   +   =   14

2.   X   4   =   ?

3.   -   =   11

4.   +   9   =

5.   +   =   ?

6.   X   =

PATTERN 4

Find the value of each emoji by performing the operations given below.

1.   64   ÷      =   8

2.   ?   +   2   =

3.   7   X      =

4.      -   8   =

5.      ÷   4   =   ?

6.      +      =   ?

PATTERN 5

Find the value of each emoji by performing the operations given below.

1.  ÷  = **3**

2.  + **12** =

3.  X  =

4.  - **56** = **?**

5.  +  = **11**

6. **7** + = **27**

PATTERN 6

Find the value of each emoji by performing the operations given below.

1. 3 + = 22

2. - = ?

3. X = ?

4. + = ?

5.  X = 54

6. 23 + = 32

PATTERN 7

Find the value of each emoji by performing the operations given below.

1. +  X  =

2.  + 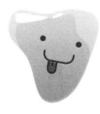 + = 10

3.  +  + = 12

4.  + = 20 = 4

5.  + 2  X = ?

6.  +  +  = 27

PATTERN 8

Find the value of each emoji by performing the operations given below.

1. +  X  = **35**

2.  + + 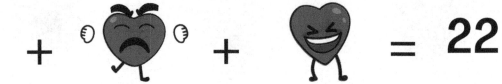 = **22**

3. +  + **14** = **27**

4. X 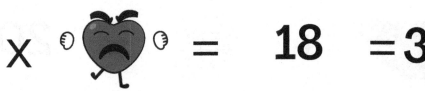 = **18** = 3

5.  - =

6. + **?** +  = **19**

PATTERN 9

Use the operations given below and find the missing values.

 = 7   = 5   = 9

 = 3   = 8   = 2

1. + + = **?**

2. + + = **?**

3. X - = **?**

4. ÷ + = **?**

5. + + = **?**

PATTERN 10

Use the operations given below and find the missing values.

= 12	 = 17	= 6
= 15	= 4	= 19

1. +  + = **?**

2. + - = **?**

3. - +  = **?**

4. + - = **?**

5. - - = **?**

CHAPTER 6

SUDOKU PUZZLES

Practicing sudoku puzzles is a great way to improve memory skills. These puzzles are a brain booster. Students practicing sudoku puzzles will start doing addition facts in their heads and start building a sense of logic and problem-solving skills. They will memorize what they have down and what they need to complete a row, column, or square. Sudoku also helps to build focus, concentration, and patience.

PATTERN 1

Fill in the puzzle so that every row across, every column down and every 3x3 box contains the number 1 to 9.

1		9		8		2	3	
		2	9		3			1
8	3			1		7		6
7		4			1		2	9
9			8		2			7
	2		7		6	4		5
5		7	3				4	2
	9	8		5	7	1		
		3	1		9	5		8

PATTERN 2

Fill in the puzzle so that every row across, every column down and every 3x3 box contains the number 1 to 9.

8		1		6			2	
	7		2		1			6
4		2		7		8	1	
		9	8			6	7	
	3			4	5			8
	8		7			5		1
9	4			2			5	
		6	4		7	1	8	9
7	1		9		8	4		

PATTERN 3

Fill in the puzzle so that every row across, every column down and every 3x3 box contains the number 1 to 9.

5		1	9	2		8		6
8		2		5		9	3	
	7		3	8	6		2	
	8	6			5		9	
9					1	2		7
2		7	6	9		5	8	
			5				4	
	9	5		6	8	3		2
3		4	7	1		6	5	

PATTERN 4

Fill in the puzzle so that every row across, every column down and
every 3x3 box contains the number 1 to 9.

7		3		5		1		
	5	1	9		6	4		2
		4	1	8	7	5		6
		8		2	1	3		7
3		6	7		5			9
		5	3		8		2	4
4				7		2		
		7		1			4	5
5	1	2	4	6	9	7	8	

Fill in the puzzle so that every row across, every column down and every 3x3 box contains the number 1 to 9.

7		6	2				9	1
				5	4	8	7	
	3	4	7	1				2
2			5	3	1	7	6	
	6		8					4
	9	7		2		1	3	
	7		1		8	2		5
6		2					8	
4	8		9	7	2	3	1	

PATTERN 6

Cut the picture and glue each one in the correct square. The faces must appear only once in each row and column.

PATTERN 7

Cut the picture and glue each one in the correct square. The icons must appear only once in each row and column.

PATTERN 8

Cut the numbers and glue each one in the correct square. The numbers must appear only once in each row and column. Color them.

4	3	1	5	2
5			4	3
3	4		2	1
2	5		1	
1	2	4	3	5

3   4   5   2   1

PATTERN 9

Each puzzle contains the number 1-9, Each row and each column add up to the number given outside the boxes. Put the correct number in each box to complete the addition without repeating any numbers.

Puzzle 1

4			14
	6		18
1	7		13
8	21	16	

Puzzle 2

		7	12
	1	8	13
5			20
11	13	21	

Puzzle 3

	9		17
4			19
	6	1	9
11	22	12	

Puzzle 4

3			15
		9	16
6			14
14	7	24	

PATTERN 10

Each puzzle contains the number 11-19, Each row and each column add up to the number given outside the boxes. Put the correct number in each box to complete the addition without repeating any numbers.

Puzzle 1:

	15		45
		19	46
17	14		44
45	40	50	

Puzzle 2:

14			47
	13		42
12	19		46
44	49	42	

Puzzle 3:

		12	45
	16	19	48
11			42
39	51	45	

Puzzle 4:

	13		42
14			43
	19		50
41	43	51	

CHAPTER 7

CALCUDOKU PUZZLES

Calcudoku, a puzzle game that tests your math and logic! It is a fun and addicting logic puzzle game that combines Sudoku with math. These puzzles are a brain workout. Students practicing calcudoku puzzles will start doing mathematical facts such as addition, subtraction, multiplication, and division in their heads which helps to improve data memorizing ability.

Rules to solve Calcudoku :

1. The numbers depend on the number of rows and columns. Here, for the first 5 puzzles use 1-4 and from 6-10 use 1-6.

2. In each row and in each column each number can appear only once (just like in Sudoku).

3. Each "cage" (the blocks with the thick border) shows a result and an operation (addition: +, subtraction: -, multiplication: x, or division: /). The operation applied to the numbers in the cage should produce the result shown.

4. A number may be used more than once in the same cage, but not more than once in each row or column.

5. Use the same number in the square where no operations are mentioned.

PATTERN 1

Complete the puzzle by filling the empty squares.
First one is done for you.

$2 + 3 + 4 = 9$

$4 \times 1 \times 2 \times 1 = 8$

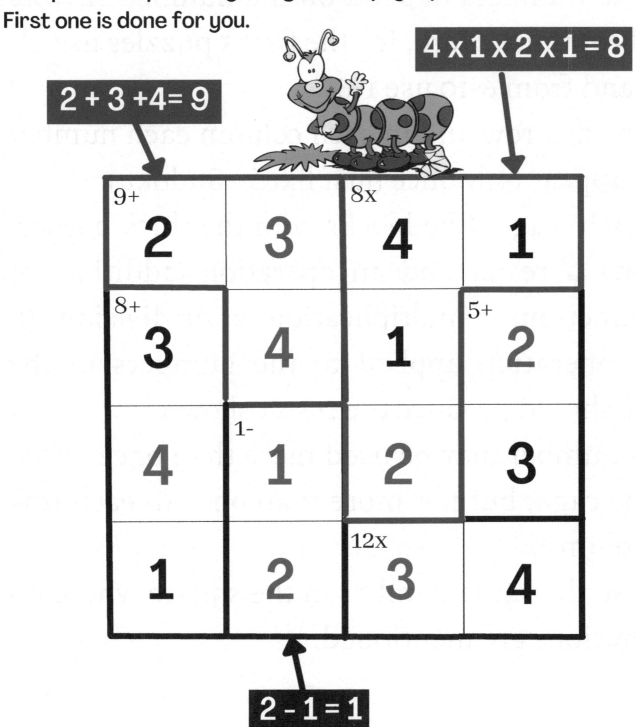

$2 - 1 = 1$

PATTERN 2

Complete the puzzle by filling the empty squares.

PATTERN 3

Complete the puzzle by filling the empty squares.

5+		3-	**4**
7+	**4**	2-	**1**
1	1-		2
4	6+	**2**	

PATTERN 4

Complete the puzzle by filling the empty squares.

1- 3		1-	
5+	3	3-	7+ 4
3-	1-	4	
4		1-	

PATTERN 5

Complete the puzzle by filling the empty squares.

2- **2**		2-	
4+		2-	**4**
5+ **1**	2-		6+ **3**
	3	**1**	

PATTERN 6

Complete the puzzle by filling the empty squares.

11+ 2	3	13+		11+	1
1-		1	3	4	30x
	6+	1- 5		2/ 1	3
12x	1		9+ 6	2	
	120x 4		1	15+	6
1		6	1- 2		4

PATTERN 7

Complete the puzzle by filling the empty squares.

5-	11+		14+ 5		
	90x 5	3	7+ 2		10+ 1
		2		5	
3-	1	14+	72x	2-	7+ 2
10x	3	6		1	
	4/ 4	1	3	4- 2	

PATTERN 8

Complete the puzzle by filling the empty squares.

8+	13+ 6		4-	13+	5
	5		6	4	
11+	4	1	18+ 5	2	24x
2-	3	12+ 2			4
12x	1	6		5	
3	11+ 2		4	6/ 1	

PATTERN 9

Complete the puzzle by filling the empty squares.

7+		12x	8x **1**	2/	**6**
5- **6**		**3**			4-
2-		1-	**3**	11+ **5**	**1**
6+ **1**	14+ **3**				
	16+		12x **4**		**3**
3	**4**		13+	**6**	

PATTERN 10

Complete the puzzle by filling the empty squares.

1-	12x	9+	5/		1-
6			1	5	
	1	3		30X	
8+	6	6+		1	
1	16+	5	18X 6	1-	
4	10+ 5			9+ 2	
	3		1- 5		

CHAPTER 8

CROSS PUZZLES

Math Puzzles are great ways to boost child's IQ skills and help them to engage with numbers. Solving puzzles helps to make maths enjoyable which in turn enhances their mood. It increases problem-solving skills in children and develops strategic thinking.

PATTERN 1

Write the given numbers in the correct place so that each side of the hexagon adds up to the total number.

1) Use 4, 5, 7, 8, 9
    Total must be 24

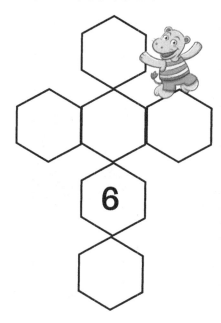

2) Use 10, 13, 17, 19, 18
    Total must be 54

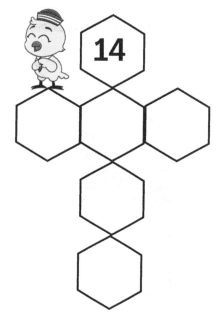

3) Use 23, 24, 29, 31, 36
    Total must be 96

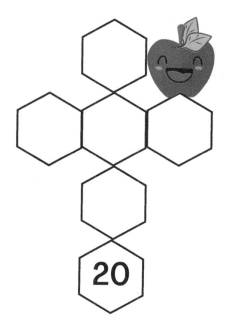

4) Use 30, 22, 25, 39, 41
    Total must be 118

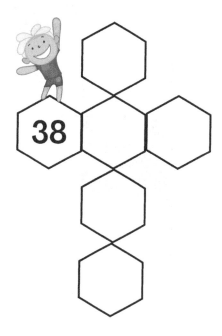

PATTERN 2

Write the given numbers in the correct place so that each side of the square adds up to the total number.

1)   Use 2, 3, 5, 7, 8, 9
     Total must be 18

		4
	■	6

2)   Use 1, 2, 3, 5, 6, 8
     Total must be 12

	7	
	■	4

3)   Use 4, 5, 6, 7, 8, 9
     Total must be 24

		10
	■	
11		

4)   Use 8, 9, 10, 11, 12, 14
     Total must be 33

15	■	
		13

PATTERN 3

Complete the multiplication square puzzle. First square is done for you.

20 / 5 x 4	7 x 8		40
22	6 x 3	4 x 9	7 x 5
2 x 11	54	12 x 9	4 x 14
4 x 13	80	3 x 16	75
	13 x 15	21 x 18	25 x 22
	2 x 22		
19 x 7	23 x 5	5 x 17	12 x 11
	25 x 5		2 x 26

PATTERN 4

Each hexagon is made by adding up the numbers in the two hexagons below it. Fill in the missing numbers.

PATTERN 5

Fill in the blanks of the square to make the equations true.

64	÷		=	8				x	5	=	45
÷				÷		÷					÷
16					x	3	=				15
=				=		=					=
		÷	2	=	3						

7			7	x	6	=					
=			x		÷						=
4				x		=	6				6
÷			=		=						÷
	÷	2	=		2	=	9	÷			

PATTERN 6

Half of the tiles contain the division problem and the other half contain the result. Color both the tiles which contain the same result. One is done for you.

56÷7	5	2	72÷6	9
3	16÷8	8	55÷5	4
36÷4	12	8÷2	6	39÷3
12÷4	48÷8	13	25÷5	11

PATTERN 7

Find the correct path by figuring out the correct questions and help the mouse to find his cheese. Value in the numerator is the division problem and in the denominator is the result of that problem.

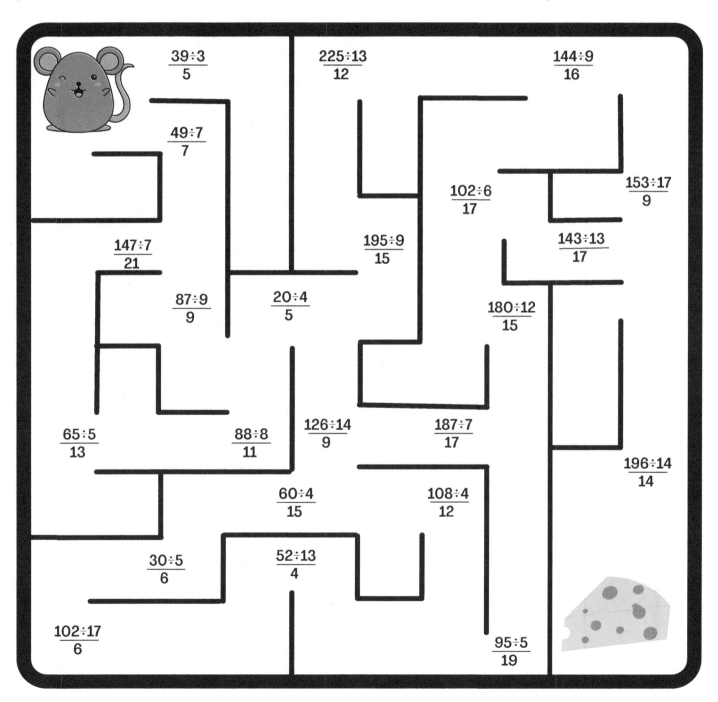

PATTERN 8

Some numbers in this puzzle will make a total of 13 when you add them up. The numbers must be connected horizontally, vertically or diagonally. How many sums can you find?

9	3	1	2	3	7	5	2
4	5	2	9	1	6	3	8
4	2	1	3	8	1	3	5
3	1	4	13		7	2	9
2	7	3			5	6	1
1	5	9	3	1	1	2	9
5	3	2	7	3	6	1	2
2	2	3	5	1	3	8	9

PATTERN 9

Find a solution for the number shown in the target. Use every number only once and can use any math operation like addition, subtraction, division, and multiplication. One is done for you.

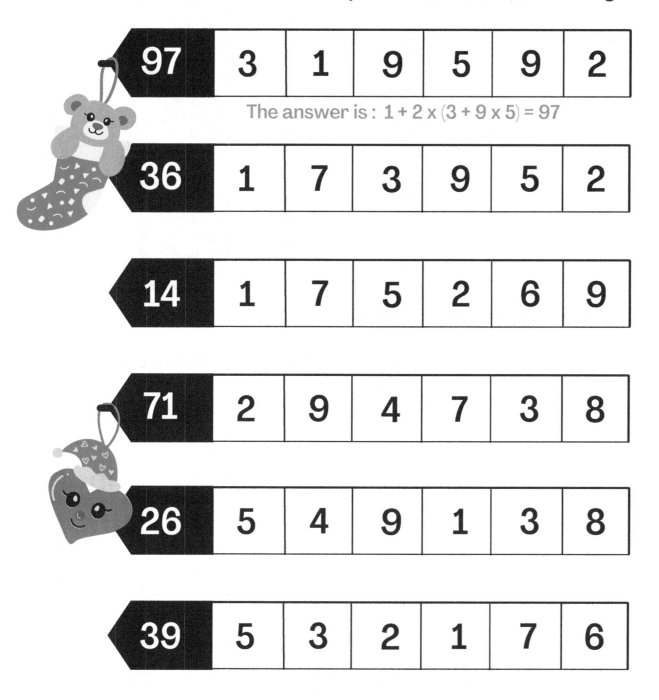

97 | 3 | 1 | 9 | 5 | 9 | 2

The answer is : 1 + 2 x (3 + 9 x 5) = 97

36 | 1 | 7 | 3 | 9 | 5 | 2

14 | 1 | 7 | 5 | 2 | 6 | 9

71 | 2 | 9 | 4 | 7 | 3 | 8

26 | 5 | 4 | 9 | 1 | 3 | 8

39 | 5 | 3 | 2 | 1 | 7 | 6

PATTERN 10

Each square has a multiplication times table in it. Find the table number and color the boxes.

40	16	17	32	23
14	24	15	56	55
72	48	8	64	70
86	57	63	28	80

25	48	17	96	13
72	23	24	130	60
108	36	71	12	84
41	82	120	49	35

ANSWERS

CHAPTER 1

PATTERN 1

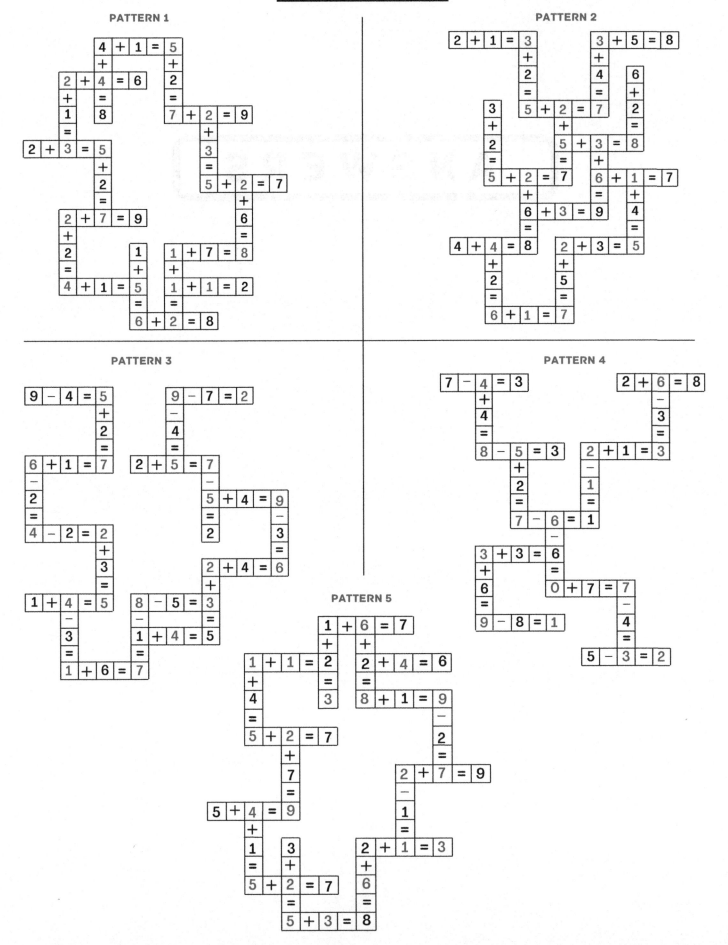

PATTERN 2

PATTERN 3

PATTERN 4

PATTERN 5

CHAPTER 1

PATTERN 6

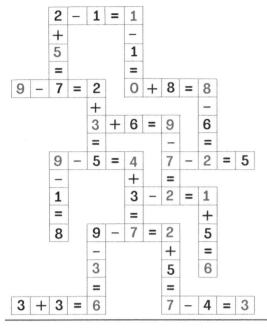

PATTERN 7

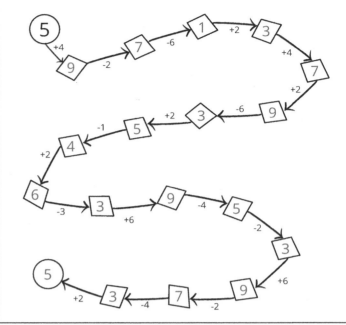

PATTERN 8

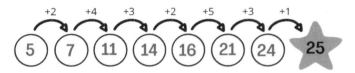

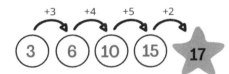

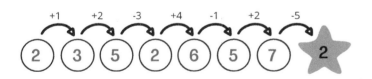

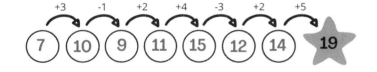

PATTERN 9

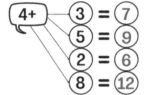
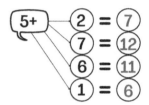

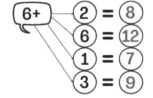
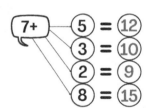

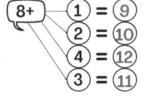
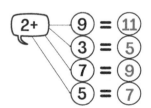

PATTERN 10

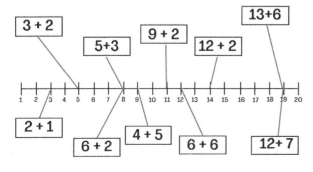
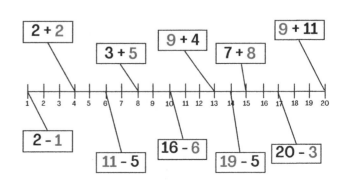

CHAPTER 2

PATTERN 1

8 × 5 = 40	7 × 6 = 42	9 × 5 = 45
5 × 8 = 40	6 × 7 = 42	5 × 9 = 45
40 ÷ 8 = 5	42 ÷ 7 = 6	45 ÷ 9 = 5
40 ÷ 5 = 8	42 ÷ 6 = 7	45 ÷ 5 = 9

8 × 7 = 56	3 × 9 = 27	4 × 6 = 24
7 × 8 = 56	9 × 3 = 27	6 × 4 = 24
56 ÷ 8 = 7	27 ÷ 3 = 9	24 ÷ 4 = 6
56 ÷ 7 = 8	27 ÷ 9 = 3	24 ÷ 6 = 4

6 × 9 = 54	4 × 7 = 28	9 × 7 = 63
9 × 6 = 54	7 × 4 = 28	7 × 9 = 63
54 ÷ 6 = 9	28 ÷ 4 = 7	63 ÷ 9 = 7
54 ÷ 9 = 6	28 ÷ 7 = 4	63 ÷ 7 = 9

PATTERN 2

11 × 6 = 66	12 × 6 = 72	16 × 4 = 64
6 × 11 = 66	6 × 12 = 72	4 × 16 = 64
66 ÷ 11 = 6	72 ÷ 12 = 6	64 ÷ 16 = 4
66 ÷ 6 = 11	72 ÷ 6 = 12	64 ÷ 4 = 16

18 × 3 = 54	14 × 5 = 70	13 × 6 = 78
3 × 18 = 54	5 × 14 = 70	6 × 13 = 78
54 ÷ 18 = 3	70 ÷ 14 = 5	78 ÷ 13 = 6
54 ÷ 3 = 18	70 ÷ 5 = 14	78 ÷ 6 = 13

3 × 15 = 45	17 × 2 = 34	4 × 19 = 76
15 × 3 = 45	2 × 17 = 34	19 × 4 = 76
45 ÷ 3 = 15	34 ÷ 17 = 2	76 ÷ 4 = 19
45 ÷ 15 = 3	34 ÷ 2 = 17	76 ÷ 19 = 4

PATTERN 3

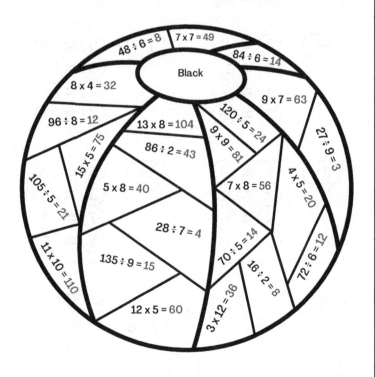

PATTERN 4

15 × 6 = 90	16 × 3 = 48	17 × 5 = 85
6 × 15 = 90	3 × 16 = 48	5 × 17 = 85
90 ÷ 15 = 6	48 ÷ 16 = 3	85 ÷ 17 = 5
90 ÷ 6 = 15	48 ÷ 3 = 16	85 ÷ 5 = 17

19 × 3 = 57	18 × 4 = 72	20 × 6 = 120
3 × 19 = 57	4 × 18 = 72	6 × 20 = 120
57 ÷ 19 = 3	72 ÷ 18 = 4	120 ÷ 20 = 6
57 ÷ 3 = 19	72 ÷ 4 = 18	120 ÷ 6 = 20

11 × 7 = 77	13 × 3 = 39	6 × 12 = 72
7 × 11 = 77	3 × 13 = 39	12 × 6 = 72
77 ÷ 11 = 7	39 ÷ 13 = 3	72 ÷ 6 = 12
77 ÷ 7 = 11	39 ÷ 3 = 13	72 ÷ 12 = 6

CHAPTER 2

PATTERN 5

4 + 4 + 4 = 12   3 Fours = 12

5 + 5 + 5 + 5 = 20   4 Five = 20

3 + 3 = 6   2 Sixes = 12

PATTERN 6

9 ÷ 3 = 3
6 ÷ 2 = 3
8 ÷ 4 = 2
3 ÷ 3 = 0
4 ÷ 2 = 2
8 ÷ 1 = 8
12 ÷ 3 = 4
10 ÷ 2 = 5

PATTERN 7

20 ÷ 2 = 10
+   x   x
30 ÷ 10 = 3
=   =   =
50 - 20 = 30

PATTERN 9

EVEN	ODD
64 ÷ 8 = 8	65 ÷ 5 = 13
56 ÷ 7 = 8	49 ÷ 7 = 7
42 ÷ 7 = 6	81 ÷ 9 = 9
9 X 4 = 36	9 X 7 = 63
6 X 6 = 36	3 X 9 = 27
3 X 6 = 18	

PATTERN 8

6 X 7 = 42
42 ÷ 6 = 7   42 ÷ 7 = 6

3 X 9 = 27
27 ÷ 3 = 9   27 ÷ 9 = 3

9 X 5 = 45
45 ÷ 9 = 5   45 ÷ 5 = 9

8 X 5 = 40
40 ÷ 8 = 5   40 ÷ 5 = 8

15 X 5 = 75
75 ÷ 15 = 5   75 ÷ 5 = 15

7 X 8 = 56
56 ÷ 7 = 8   56 ÷ 8 = 7

PATTERN 10

1. 42 ÷ 7 = __6__ because 7 x __6__ = 42

2. 40 ÷ 4 = __10__ because 4 x __10__ = 40

3. 54 ÷ 6 = __9__ because 6 x __9__ = 54

4. 35 ÷ 5 = __7__ because 5 x __7__ = 35

5. 64 ÷ 4 = __16__ because 4 x __16__ = 64

6. 36 ÷ 3 = __12__ because 3 x __12__ = 36

7. 70 ÷ 14 = __5__ because 14 x __5__ = 70

8. 26 ÷ 13 = __2__ because 13 x __2__ = 26

9. 72 ÷ 4 = __18__ because 4 x __18__ = 72

10. 99 ÷ 9 = __11__ because 9 x __11__ = 99

CHAPTER 3

PATTERN 1

 x3 -5

 Divide by 3 to get 2nd number

 Fibonacci sequence

Multiply the numbers in both squares

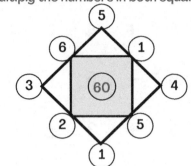

PATTERN 2

Multiply the third number by 4 to get the first 2 numbers

(2) (4) (6)

(2) (8) (7)

(3) (2) (8)

The number in the center is the average of the outer numbers on each line

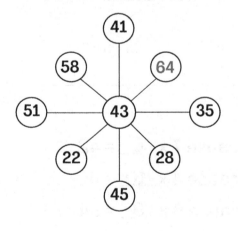

PATTERN 3

+3 + 4 + 5 + 7 and then divide by 2

(3) (6) (10) (15) (22) (11)

(5) (8) (12) (17) (24) (12)

(9) (12) (16) (21) (28) (14)

(13) (16) (20) (25) (32) (16)

(7) (10) (14) (19) (26) (13)

(15) (18) (22) (27) (34) (17)

2	7	6
9	5	1
4	3	8

PATTERN 4

1	14	15	9
11	2	7	8
6	13	3	10
5	4	12	16

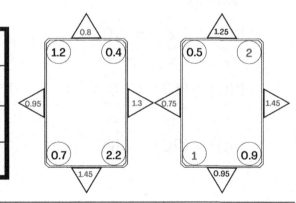

PATTERN 5

x2 x3 x4

5	10	30	120
7	14	42	168
14	28	84	336
25	50	150	600

| 16 | 9 | 44 | 36 | 81 | Square Numbers |

| 27 | 72 | 54 | 33 | 45 | All dividable by 9 |

| 3 | 15 | 27 | 39 | 55 | Add 12 to each number |

| 22 | 44 | 88 | 33 | 55 | None of these. All dividable by 11 |

CHAPTER 3

PATTERN 6

exponents of 2

4
30   64   8
32   16

Prime numbers

37   14
13   53   31
17   23

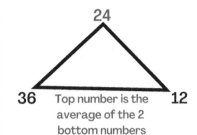

24
36   12

Top number is the average of the 2 bottom numbers

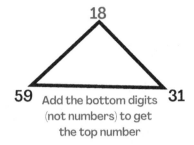

18
59   31

Add the bottom digits (not numbers) to get the top number

PATTERN 7

37	8273	28
71	3317	33
15	2451	42

Follow the order from end of the second number and use all digits

31	11	5
6	15	82
75	3	4

Multiply both numbers and add the digits

— 08:32 —

Multiply the minutes by 4 to get seconds

— 10:53 —

Add 3 hours and 20 minutes

PATTERN 8

5   5   9
8   2   11   2
6   42   6   8   15
17   28   17   33
10   19   10

The number missing in each row is same as the lowest number in each row

9
5   630   1
2   7

Multiply all the numbers to get the number in the center.

5
4   840   3
7   6

Multiply all the numbers & divide by the smallest number

PATTERN 9

x3 + 6

6	18	24	72	78	234
7	21	27	81	87	261
2	6	12	36	42	126
3	9	15	45	51	153
4	12	18	54	60	180

x3 & x5

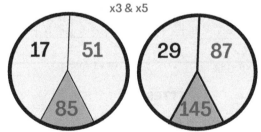

17   51
85

29   87
145

PATTERN 10

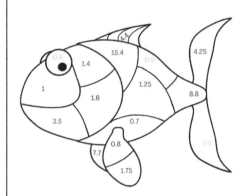

6	12	72
4	20	80
6	18	108

Third number is multiplication of first two

CHAPTER 4

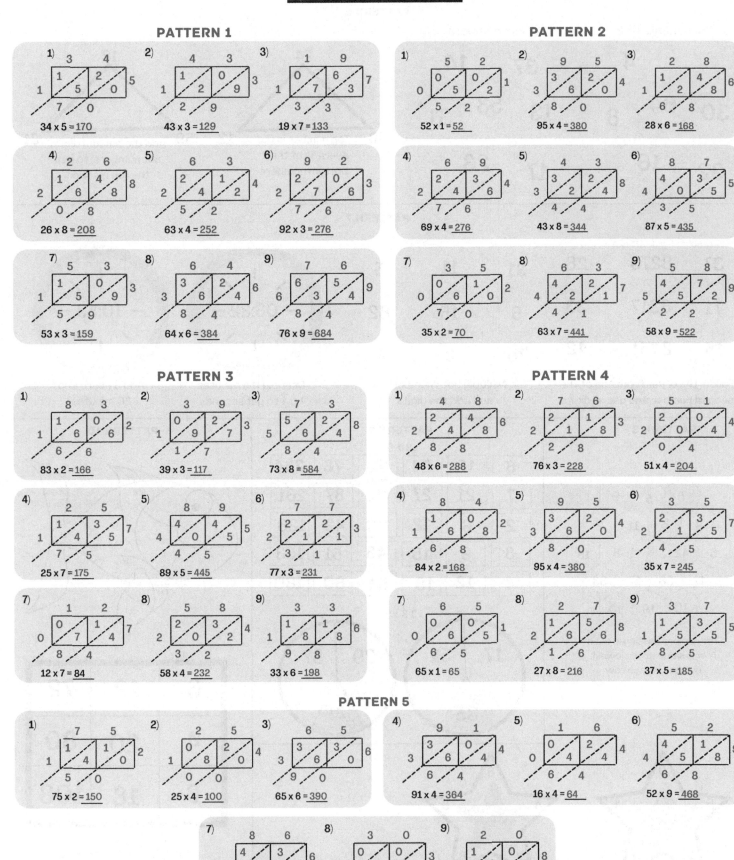

PATTERN 1

1) 34 x 5 = 170

2) 43 x 3 = 129

3) 19 x 7 = 133

4) 26 x 8 = 208

5) 63 x 4 = 252

6) 92 x 3 = 276

7) 53 x 3 = 159

8) 64 x 6 = 384

9) 76 x 9 = 684

PATTERN 2

1) 52 x 1 = 52

2) 95 x 4 = 380

3) 28 x 6 = 168

4) 69 x 4 = 276

5) 43 x 8 = 344

6) 87 x 5 = 435

7) 35 x 2 = 70

8) 63 x 7 = 441

9) 58 x 9 = 522

PATTERN 3

1) 83 x 2 = 166

2) 39 x 3 = 117

3) 73 x 8 = 584

4) 25 x 7 = 175

5) 89 x 5 = 445

6) 77 x 3 = 231

7) 12 x 7 = 84

8) 58 x 4 = 232

9) 33 x 6 = 198

PATTERN 4

1) 48 x 6 = 288

2) 76 x 3 = 228

3) 51 x 4 = 204

4) 84 x 2 = 168

5) 95 x 4 = 380

6) 35 x 7 = 245

7) 65 x 1 = 65

8) 27 x 8 = 216

9) 37 x 5 = 185

PATTERN 5

1) 75 x 2 = 150

2) 25 x 4 = 100

3) 65 x 6 = 390

4) 91 x 4 = 364

5) 16 x 4 = 64

6) 52 x 9 = 468

7) 86 x 6 = 516

8) 30 x 3 = 90

9) 20 x 8 = 160

CHAPTER 4

PATTERN 6

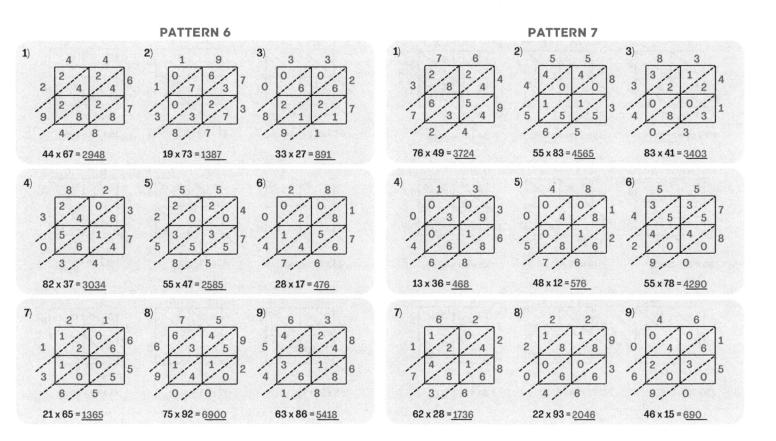

PATTERN 7

1) 44 x 67 = 2948
2) 19 x 73 = 1387
3) 33 x 27 = 891

4) 82 x 37 = 3034
5) 55 x 47 = 2585
6) 28 x 17 = 476

7) 21 x 65 = 1365
8) 75 x 92 = 6900
9) 63 x 86 = 5418

1) 76 x 49 = 3724
2) 55 x 83 = 4565
3) 83 x 41 = 3403

4) 13 x 36 = 468
5) 48 x 12 = 576
6) 55 x 78 = 4290

7) 62 x 28 = 1736
8) 22 x 93 = 2046
9) 46 x 15 = 690

PATTERN 8

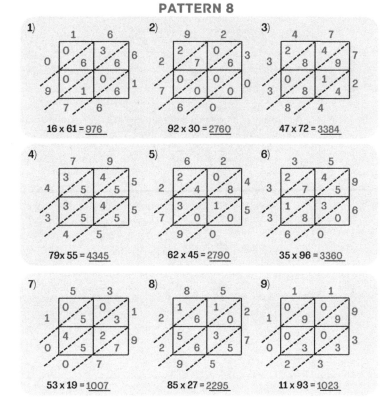

1) 16 x 61 = 976
2) 92 x 30 = 2760
3) 47 x 72 = 3384

4) 79 x 55 = 4345
5) 62 x 45 = 2790
6) 35 x 96 = 3360

7) 53 x 19 = 1007
8) 85 x 27 = 2295
9) 11 x 93 = 1023

CHAPTER 4

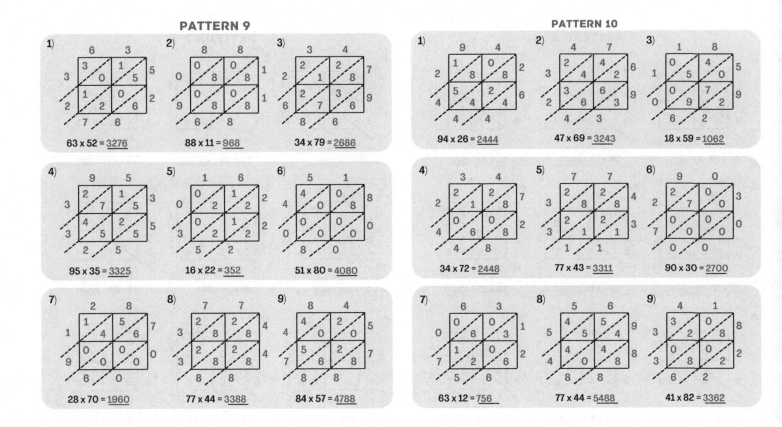

PATTERN 9

1) 63 x 52 = <u>3276</u>

2) 88 x 11 = <u>968</u>

3) 34 x 79 = <u>2686</u>

4) 95 x 35 = <u>3325</u>

5) 16 x 22 = <u>352</u>

6) 51 x 80 = <u>4080</u>

7) 28 x 70 = <u>1960</u>

8) 77 x 44 = <u>3388</u>

9) 84 x 57 = <u>4788</u>

PATTERN 10

1) 94 x 26 = <u>2444</u>

2) 47 x 69 = <u>3243</u>

3) 18 x 59 = <u>1062</u>

4) 34 x 72 = <u>2448</u>

5) 77 x 43 = <u>3311</u>

6) 90 x 30 = <u>2700</u>

7) 63 x 12 = <u>756</u>

8) 77 x 44 = <u>5488</u>

9) 41 x 82 = <u>3362</u>

CHAPTER 5

PATTERN 1

1. $6 + 6 = 12$
2. $6 + 8 = 14$
3. $3 + 8 = 11$
4. $9 + 6 = 15$
5. $4 + 3 = 7$
6. $9 + 4 = 13$

PATTERN 2

1. $9 + 9 = 18$
2. $9 \times 3 = 27$
3. $17 - 3 = 14$
4. $9 + 8 = 17$
5. $8 + 17 = 25$
6. $17 \times 3 = 51$

PATTERN 3

1. $7 + 7 = 14$
2. $7 \times 4 = 28$
3. $18 - 7 = 11$
4. $9 + 9 = 18$
5. $7 + 9 = 16$
6. $3 \times 3 = 9$

PATTERN 4

1. $64 \div 8 = 8$
2. $6 + 2 = 8$
3. $7 \times 8 = 56$
4. $56 - 8 = 48$
5. $48 \div 4 = 12$
6. $56 + 48 = 104$

PATTERN 5

1. $9 \div 3 = 3$
2. $8 + 12 = 20$
3. $9 \times 9 = 81$
4. $81 - 56 = 25$
5. $3 + 8 = 11$
6. $7 + 20 = 27$

CHAPTER 5

PATTERN 6

1. $3 + 19 = 22$
2. $19 - 7 = 12$
3. $12 \times 7 = 84$
4. $6 + 12 = 18$
5. $9 \times 6 = 54$
6. $23 + 9 = 32$

PATTERN 7

1. $2 + 4 \times 4 = 18$
2. $3 + 3 + 4 = 10$
3. $5 + 5 + 2 = 12$
4. $18 + 2 = 20$
5. $5 + 6 \times 2 = 17$
6. $4 + 5 + 18 = 27$

PATTERN 8

1. $10 + 5 \times 5 = 35$
2. $3 + 9 + 10 = 22$
3. $6 + 7 + 14 = 27$
4. $2 \times 9 = 18$
5. $7 - 2 = 5$
6. $6 + 4 + 9 = 19$

PATTERN 9

1. $7 + 5 + 8 = 20$
2. $3 + 7 + 9 = 19$
3. $5 \times 2 - 8 = 2$
4. $9 \div 3 + 5 = 8$
5. $2 + 8 + 9 = 19$

PATTERN 10

1. $6 + 4 + 17 = 27$
2. $12 + 19 - 15 = 16$
3. $17 - 15 + 4 = 6$
4. $4 + 19 - 4 = 19$
5. $19 - 6 - 12 = 1$

CHAPTER 6

PATTERN 1

1	7	9	6	8	5	2	3	4
4	6	2	9	7	3	8	5	1
8	3	5	2	1	4	7	9	6
7	8	4	5	3	1	6	2	9
9	5	6	8	4	2	3	1	7
3	2	1	7	9	6	4	8	5
5	1	7	3	6	8	9	4	2
2	9	8	4	5	7	1	6	3
6	4	3	1	2	9	5	7	8

PATTERN 2

8	9	1	3	6	4	7	2	5
3	7	5	2	8	1	9	4	6
4	6	2	5	7	9	8	1	3
5	2	9	8	1	3	6	7	4
1	3	7	6	4	5	2	9	8
6	8	4	7	9	2	5	3	1
9	4	8	1	2	6	3	5	7
2	5	6	4	3	7	1	8	9
7	1	3	9	5	8	4	6	2

PATTERN 3

5	3	1	9	2	4	8	7	6
8	6	2	1	5	7	9	3	4
4	7	9	3	8	6	1	2	5
1	8	6	2	7	5	4	9	3
9	5	3	8	4	1	2	6	7
2	4	7	6	9	3	5	8	1
6	1	8	5	3	2	7	4	9
7	9	5	4	6	8	3	1	2
3	2	4	7	1	9	6	5	8

PATTERN 4

7	6	3	2	5	4	1	9	8
8	5	1	9	3	6	4	7	2
2	9	4	1	8	7	5	3	6
9	4	8	6	2	1	3	5	7
3	2	6	7	4	5	8	1	9
1	7	5	3	9	8	6	2	4
4	8	9	5	7	3	2	6	1
6	3	7	8	1	2	9	4	5
5	1	2	4	6	9	7	8	3

PATTERN 5

7	5	6	2	8	3	4	9	1
1	2	9	6	5	4	8	7	3
8	3	4	7	1	9	6	5	2
2	4	8	5	3	1	7	6	9
3	6	1	8	9	7	5	2	4
5	9	7	4	2	6	1	3	8
9	7	3	1	6	8	2	4	5
6	1	2	3	4	5	9	8	7
4	8	5	9	7	2	3	1	6

CHAPTER 6

PATTERN 6

PATTERN 7

PATTERN 8

4	3	1	5	2
5	1	2	4	3
3	4	5	2	1
2	5	3	1	4
1	2	4	3	5

PATTERN 9

4	8	2
3	6	9
1	7	5

2	3	7
4	1	8
5	9	6

5	9	3
4	7	8
2	6	1

3	4	8
5	2	9
6	1	7

PATTERN 10

12	15	18
16	11	19
17	14	13

14	17	16
18	13	11
12	19	15

15	18	12
13	16	19
11	17	14

12	13	17
14	11	18
15	19	16

CHAPTER 7

PATTERN 1

9+ 2	3	8x 4	1
8+ 3	4	1	5+ 2
4	1- 1	2	3
1	2	12x 3	4

PATTERN 2

3 3	1- 1	2	3- 4
6+ 2	4	1- 3	1
1- 1	2	4	5+ 3
1- 4	3	1 1	2

PATTERN 3

5+ 3	2	3- 1	4
7+ 2	4	2- 3	1
1	1- 3	4	2 2
4	6+ 1	2	3

PATTERN 4

1- 3	4	1- 2	1
5+ 2	3	3- 1	7+ 4
3- 1	1- 2	4	3
4	1	1- 3	2

PATTERN 5

2- 2	4	2- 3	1
4+ 3	1	2- 2	4
5+ 1	2- 2	4	6+ 3
4	3 3	1	2

CHAPTER 7

PATTERN 6

2 (11+)	3	4 (13+)	5	6 (11+)	1
5 (1-)	6	1	3	4	2 (30x)
6	2 (6+)	5 (1-)	4	1 (2/)	3
4 (12x)	1	3	6 (9+)	2	5
3	4 (120x)	2	1	5 (15+)	6
1	5	6	2 (1-)	3	4

PATTERN 7

1 (5-)	2 (11+)	4	5 (14+)	6	3
6	5 (90x)	3	2 (7+)	4	1 (10+)
3	6	2	1	5	4
4 (3-)	1	5 (14+)	6 (72x)	3 (2-)	2 (7+)
2 (10x)	3	6	4	1	5
5	4 (4/)	1	3	2 (4-)	6

PATTERN 8

1 (8+)	6 (13+)	4	2 (4-)	3 (13+)	5
2	5	3	6	4	1
6 (11+)	4	1	5 (18+)	2	3 (24x)
5 (2-)	3	2 (12+)	1	6	4
4 (12x)	1	6	3	5	2
3	2 (11+)	5	4	1 (6/)	6

PATTERN 9

5 (7+)	2	4 (12x)	1 (8x)	3 (2/)	6
6 (5-)	1	3	2	4	5 (4-)
4 (2-)	6	2 (1-)	3	5 (11+)	1
1 (6+)	3 (14+)	5	6	2	4
2	5 (16+)	6	4 (12x)	1	3
3	4	1	5 (13+)	6	2

PATTERN 10

6 (1-)	2 (12x)	4 (9+)	1 (5/)	5	3 (1-)
5	1	3	2	6 (30X)	4
3 (8+)	6	2 (6+)	4	1	5
1	4 (16+)	5	6 (18X)	3 (1-)	2
4	5 (10+)	1	3	2 (9+)	6
2	3	6	5 (1-)	4	1

CHAPTER 8

PATTERN 1

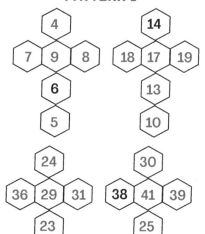

First cross: 4 / 7 9 8 / 6 / 5

Second cross: 14 / 18 17 19 / 13 / 10

Third cross: 24 / 36 29 31 / 23 / 20

Fourth cross: 30 / 38 41 39 / 25 / 22

PATTERN 2

9	5	4
2	■	6
7	3	8

3	7	2
8	■	4
1	5	6

9	5	10
4	■	8
11	7	6

10	14	9
15	■	11
8	12	13

PATTERN 3

20 / 5 x 4	7 x 8 / 56	8 x 5 / 40
22 / 2 x 11	6 x 3 / 18	4 x 9 / 36	7 x 5 / 35
6 x 9 / 54	108 / 12 x 9	4 x 14 / 56
4 x 13 / 52	8 x 10 / 80	48 / 3 x 16	15 x 5 / 75
195 / 13 x 15	21 x 18 / 378	550 / 25 x 22
133 / 19 x 7	2 x 22 / 44	85 / 5 x 17	132 / 12 x 11
115 / 23 x 5	25 x 5 / 125	52 / 2 x 26

PATTERN 4

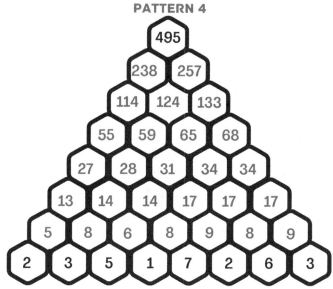

```
              495
          238     257
       114    124    133
     55    59    65    68
   27   28   31   34   34
 13   14   14   17   17   17
5   8   6   8   9   8   9
2  3  5  1  7  2  6  3
```

PATTERN 5

64	÷	8	=	8		9	x	5	=	45
÷				÷		÷				÷
16				4	x	3	=	12		15
=				=		=				=
4		6	÷	2	=	3				3

7			7	x	6	=	42		3
=			x		÷				=
4			2	x	3	=	6		6
÷			=		=				÷
28	÷	2	=	14		2	=	9	÷	18

CHAPTER 8

PATTERN 6

56÷7	5	2	72÷6	9
3	16÷8	8	55÷5	4
36÷4	12	8÷2	6	39÷3
12÷4	48÷8	13	25÷5	11

PATTERN 7

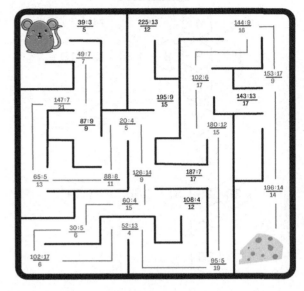

PATTERN 8

9	3	1	2	3	7	5	2
4	5	2	9	1	6	3	8
4	2	1	3	8	1	3	5
3	1	4	13		7	2	9
2	7	3			5	6	1
1	5	9	3	1	1	2	9
5	3	2	7	3	6	1	2
2	2	3	5	1	3	8	9

PATTERN 9

97

3	1	9	5	9	2

The answer is : 1 + 2 x (3 + 9 x 5) = 97

36

1	7	3	9	5	2

The answer is : 1 + 7 x 5= 36

14

1	7	5	2	6	9

The answer is : 7 x 2= 14

71

2	9	4	7	3	8

The answer is : 8 + 9 x 7= 71

26

5	4	9	1	3	8

The answer is : 5 + 1 + 8 + 4 x 3= 26

39

5	3	2	1	7	6

The answer is : 3 x (1 + 6 x 2)= 39

PATTERN 10

40	16	17	32	23
14	24	15	56	55
72	48	8	64	70
86	57	63	28	80

25	48	17	96	13
72	23	24	130	60
108	36	71	12	84
41	82	120	49	35

OTHER CHILDREN'S BOOKS BY PRIYAN PUBLISHING

ISBN : B09TMWK9Y2

ISBN : B09V121KFV

ISBN : B09XB5ZR1Q

ISBN : B09WHFX1N8

OTHER CHILDREN'S BOOKS BY PRIYAN PUBLISHING

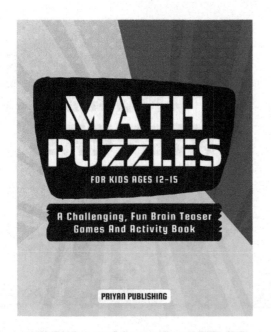

ISBN : B09RCCCC4D

ISBN : B08YS6387Z

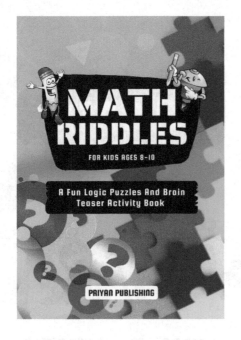

ISBN : B09S6BF37L

ISBN : B09SWNGCJ3

Made in the USA
Las Vegas, NV
10 December 2024

13824026R00063